# KARDEC

BARBA NEGRA

**Roteiro**
Carlos Ferreira

**Desenhos**
Rodrigo Rosa

**Coordenação editorial**
Barba Negra

**Direção de Arte e Design**
Retina 78

**Foto dos Autores**
Cristiano Cangussu

**Foto do Estúdio**
Rodrigo Rosa

**Revisão**
Amanda Cadore, Evillyn Kjellin e Joana Milli

**Produção Editorial**
Maria Clara Carneiro e Maria de Fátima Pereira

**Impressão**
Gráfica ideal

*Dados Internacionais de Catalogação na Publicação (CIP)*
*(Câmara Brasileira do Livro, SP, Brasil)*

---

*Ferreira, Carlos*
*Kardec / Carlos Ferreira e Rodrigo Rosa. -- São Paulo : Leya, 2011.*

*ISBN 978-85-8044-295-3*

*1. Histórias em quadrinhos I. Rosa, Rodrigo. II. Título.*

*11-10295* *CDD 741.5*

---

texto editores ltda.
[uma editora do grupo LeYa]
Rua Desembargador Paulo Passaláqua, 86
01248-010 - Pacaembu - São Paulo - SP - Brasil
**www.leya.com**

Agradeço a família Donadio pelo apoio, a Dani pelo amor, pela paciência e pelo carinho, aos meus filhos João e Victor por estarem sempre comigo, a Gabriel pelas conversas e pelas leituras dos originais, a Cristiano Cangussu pela luz e pelas sombras da sua arte fotográfica, a Gilmar Rodrigues e Bettine Silveira pelo abrigo em caloroso lar carioca, a Maria Clara por ser um anjo e pelo colo materno, assim como o de todos os envolvidos na produção do álbum Kardec. A Lobo, Chris e Chico, por todas as profecias e a luz. A meu grande amigo Ligeirinho-Ricochete, grande mestre dos desenhos: Rodrigo Rosa! "Obrigadu!"

CARLOS FERREIRA

Aos meus familiares, em especial a minha mãe, Léa, que abriu para mim a possibilidade do conhecimento espírita; a Juliana, Robert, David e Rodrigo, que me acolheram em suas casas na Califórnia, onde este trabalho se iniciou; a Gica pela ajuda na pesquisa iconográfica; a Rafael Sica, Santiago e Amadeu pelo apoio na produção das fotos e ao meu parceiro Carlos Ferreira pelo roteiro inspirado e pelo companheirismo durante este longo processo de trabalho.

RODRIGO ROSA

As Vidas de Allan Kardec

Todos os dias, em algum canto do Brasil, leitores de todas as idades e classes sociais se reúnem para estudar a obra de Allan Kardec. Muitos deles abandonaram o ceticismo e descobriram novos sentidos para suas vidas depois de percorrerem as páginas do impressionante O Livro dos Espíritos, primeira obra lançada pelo educador francês Hyppolite Léon Denizard Rivail, quando ele decidiu mudar de vida e de nome depois dos 50 anos.

Os amigos mais próximos e céticos, admiradores do então discípulo de Pestalozzi, ficaram espantados quando aquele intelectual respeitado – defensor da razão e do bom senso -, passou a frequentar sessões de mesas girantes e a dialogar com espíritos através de médiuns. Logo ele, um estudioso do magnetismo e dos efeitos da eletricidade sobre os corpos inertes.

O que fez o professor Rivail se transformar em Kardec, o "codificador da doutrina espírita"? O que o levou a acreditar que as mesas que se erguiam do chão e bailavam no ar, nos salões nobres da sociedade francesa, eram movidas por espíritos e não por charlatões? O que o convenceu a lançar perguntas ao invisível para receber de volta, pelas mãos de duas adolescentes, as irmãs Julie e Caroline Baudin (equipadas com "cestas de bico"), respostas atribuídas a espíritos?

É a história desta conversão que Carlos Ferreira e Rodrigo Rosa reconstituem aqui, quadro a quadro, sob a luz das velas e candelabros da França do século XIX. Uma história que transformou, também radicalmente, um rapaz humilde, filho de pais analfabetos, nascido no interior de Minas Gerais no início do século XX: Chico Xavier.

Foi ao ler O Livro dos Espíritos e, em seguida, toda a obra de Kardec (*O Livro dos Médiuns, O Evangelho Segundo o Espiritismo, O Céu e o Inferno, A Gênese* e *Obras Póstumas*), que Chico conseguiu entender e aceitar as assombrações que o acompanhavam desde os 5 anos de idade. Visões que seu pai atribuía à loucura.

Na dúvida, era sempre a Kardec – o Codificador – que Chico recorria. "Fora da caridade, não há salvação", o médium mineiro repetia... e praticava. Fez questão de seguir à risca as lições do mestre francês. Tão à risca – e com tanta devoção -, que ainda hoje muitos espíritas garantem que Chico foi uma reencarnação de Kardec, que teria voltado à Terra para pôr em prática os valores que difundiu em livros no século anterior.

Mas essa é outra história, quase tão polêmica e misteriosa quanto a saga de Kardec, pontuada por mesas que giram, cestas que escrevem, druidas que renascem e céticos que passam a acreditar.

Fenômenos e mistérios que, graças à ousadia de Carlos Ferreira e Rodrigo Rosa, ganham forma e se materializam nestas páginas mágicas e, ao mesmo tempo, intrigantes.

Marcel Souto Maior
autor de *As Vidas de Chico Xavier*

“Conhece-te a ti mesmo e conhecerás o universo e os deuses.”
Inscrição no Oráculo de Delfos

VVVVvv!

VVVVVVVV!!

VVVVVVV!!!

VVVVVVVV!!!

VVVVVVVVVVV!!

O DRUIDA...
EM PARIS?

AS MESAS GIRATÓRIAS ME DESPERTARAM.
EVIDENCIARAM A MINHA ORIGEM, OS MEUS MEIOS E A MINHA FINALIDADE.
O VERDADEIRO CONHECIMENTO, O CAMINHO DA ETERNIDADE.
A MEMBRANA QUE NOS SEPARA DO MUNDO DOS ESPÍRITOS ASSIM FOI REVELADA.

O MEU NOME É HIPPOLYTE LÉON DENIZARD RIVAIL.

FOI O MEU AMIGO FORTIER QUEM ME FALOU SOBRE O FENÔMENO DAS "MESAS GIRANTES". CONFESSO QUE EU SUSPEITEI DA VERACIDADE, MAS FORTIER É UM CIENTISTA DOS MAIS SÉRIOS QUE CONHEÇO E INVESTIGA UM DOS ASSUNTOS SOBRE OS QUAIS TENHO GRANDE GRAU DE CURIOSIDADE: O MAGNETISMO ANIMAL.

O MAGNETISMO ANIMAL, OU FLUIDO ANIMAL, É UM ESTADO PARTICULAR DE VIBRAÇÃO, OU TOM DE MOVIMENTO DO FLUIDO UNIVERSAL.

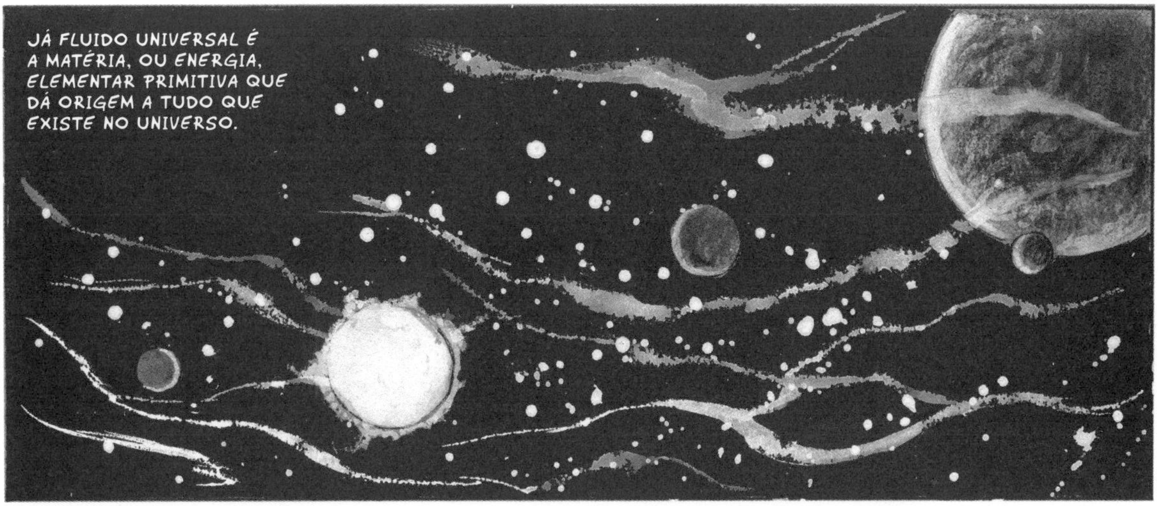
JÁ FLUIDO UNIVERSAL É A MATÉRIA, OU ENERGIA, ELEMENTAR PRIMITIVA QUE DÁ ORIGEM A TUDO QUE EXISTE NO UNIVERSO.

FORTIER RELACIONAVA O FENÔMENO DAS "MESAS GIRANTES" COM O MAGNETISMO ANIMAL.
BASTA OS MÉDIUNS POUSAREM AS MÃOS SOBRE A MESA PARA QUE, DE IMEDIATO, ELA SE MOVA, SE ELEVE, TOMBE, DÊ SALTOS OU GIRE COM VIOLÊNCIA.

UM OUTRO FENÔMENO QUE SE PRODUZ MUITO FREQUENTEMENTE É O DOS GOLPES DADOS NA PRÓPRIA TEXTURA DA MADEIRA... SEM MOVIMENTO ALGUM DA MESA. ESSES GOLPES, ÀS VEZES MUITO FRACOS, OUTRAS VEZES BASTANTE FORTES, FAZEM-SE OUVIR IGUALMENTE NOS OUTROS MÓVEIS, CONTRA PORTAS, PAREDES E TETOS.

TU PRECISAS VER ISSO, RIVAIL!
HUM... EU NÃO SEI NEM COMO DIZER, MEU AMIGO. TENHO UMA CERTA CURIOSIDADE, MAS ARROGO UM CETICISMO SOBRE ESSAS MESAS GIRANTES. EU NÃO CONSIGO ASSOCIAR MAGNETISMO ANIMAL, QUE ESTÁ LIGADO ÀS EXPERIÊNCIAS DE HIPNOTISMO, COM TRUCAGEM DE MÁGICOS.
RIVAIL, SEU COVARDE! ENTÃO EU DESBRAVAREI ESSA "TRUCAGEM DE MÁGICOS" SOZINHO. TENHO EM MÃOS UM CONVITE PARA UMA SESSÃO DE UM NOBRE MÉDIUM: DANIEL DUNGLAS HOME.
DESCONHEÇO QUEM SEJA ESSE TAL HOME. A MINHA DESCRENÇA SÓ IRIA ATRAPALHAR O ESPETÁCULO. SE QUISERES, AMIGO, TE ACOMPANHO ATÉ PARTE DO CAMINHO. PEÇO-TE DESCULPAS POR NÃO SER TÃO OTIMISTA QUANTO A ESSAS FANTASIAS.

ESSE ARDILOSO HOME É INGLÊS?
NÃO. ELE NÃO É INGLÊS. NASCEU NA ESCÓCIA, MAS VEIO DA AMÉRICA. E HOME NÃO É TRAMPOSO. BRINCAS COM COISAS SÉRIAS, RIVAIL!
O QUE ESPERAVAS, AMIGO? QUERES QUE EU DEIXE A MINHA ESPOSA E UM LAR QUENTINHO PARA CAÇAR BRUXAS!
ESTOU CONVENCIDO DO TEU DESINTERESSE POR ESSE FENÔMENO. MAS... E SE AS MINHAS CONVICÇÕES FOREM CONFIRMADAS, RIVAIL?

33

QUEM SABE NA PRÓXIMA VEZ, FORTIER. BOA SORTE!
ESTOU CERTO DE QUE TUDO ISSO AINDA TERÁ UM FORTE IMPACTO EM TI, AMIGO.

SENHORAS E SENHORES, SEJAM BEM--VINDOS!
SÃO VINTE HORAS, E ESSA É A HORA EM QUE O NOSSO CONVIDADO TEM OS SEUS PODERES MAIS ADJACENTES E PENETRANTES NO UNIVERSO OCULTO. TENHO MUITO ORGULHO EM APRESENTAR UM AMIGO E PODEROSO MÉDIUM...
DANIEL DUNGLAS HOME...

VERE SANCTUS ES, DÒMNINE, FONS OMNIS SANCTITÀTIS. HAEC ERGO DONA, QUAESUMUS...
...SPÌRITUS TUI RORE SANCTÌFICA, UT NOBIS COR-PUS ET SANGUIS FIANT DÒMINI NOSTRI...
...JESU CHRISTI. QUI CUM PASSIÒNI VOLUNTÀRIE TRADERÈTUR, ACCÈPIT PANEM ET GRÀTIAS ÀGENS FREGIT DEDÌTQUE DISCÌPULIS SUIS, DICENS:
FOI INIMAGINÁ-VEL O QUE EU VI!

FORTIER, AGORA NÃO É O MOMENTO PARA ESSA CONVERSA.
TEMOS ALGO MUITO MAIS ASSOMBROSO!
NÃO SÓ SE CONSEGUE QUE UMA MESA SE MOVA...
...COMO TAMBÉM QUE FALE.

NOTRE DAME... OLHO PARA CADA DETALHE DESTA CATEDRAL E LEIO UM LIVRO DE PEDRA.
ANTES DA CONSTRUÇÃO DESTE TEMPLO, ANTES MESMO DA CHEGADA DOS ROMANOS, OS CELTAS CELEBRAVAM SUAS CERIMÔNIAS AQUI.
MAIS TARDE OS ROMANOS ERGUERAM UM TEMPLO NESTE MESMO LOCAL EM HOMENAGEM A JÚPITER.
DEPOIS FOI A VEZ DO CRISTIANISMO. AQUI FOI FUNDADA A PRIMEIRA IGREJA DE PARIS, A BASÍLICA DE SAINT-ÉTIENNE.
EM 1162 FOI INICIADA A CONSTRUÇÃO DA CATEDRAL.
POR QUE ME CONTAS ISSO, RIVAIL?
NAQUELA NOITE, DEPOIS DE TE ACOMPANHAR, FORTIER, VOLTEI PARA CASA E, SEM SONO, COMECEI A LER "O CORCUNDA DE NOTRE DAME", DE VICTOR HUGO. ESCRITOR ADMIRÁVEL. JÁ LEU ESSE LIVRO?
FUI CAPTURADO DE UMA VEZ SÓ PELA OBRA. ENTREGUEI-ME À LEITURA E FUGI DAS IDEIAS EM RELAÇÃO ÀS MESAS.
ENFIM... ACHO QUE O FLUIDO MAGNÉTICO É UMA ESPÉCIE DE ELETRICIDADE QUE PODE PERFEITAMENTE ATUAR SOBRE OS CORPOS INERTES E FAZER QUE SE MOVAM.
MAS AS MESAS NÃO SÓ GIRAM SOZINHAS. ELAS FALAM!

ISSO JÁ É OUTRA QUES-TÃO! CONVER-SA PARA BOI DORMIR.
SÓ ACREDITAREI QUANDO O VIR, QUANDO ME PROVAREM QUE UMA MESA TEM CÉREBRO PARA PENSAR, NERVOS PARA SENTIR E QUE PODE TORNAR-SE SONÂMBULA. ATÉ LÁ...
HUM, NADA CASUAL, RIVAIL. NADA CASUAL VOCÊ COMENTAR SOBRE "O CORCUNDA DE NOTRE DAME". O QUE SABES SOBRE A VIDA DE VITOR HUGO? ELE TAMBÉM ESTAVA PRESENTE NA SESSÃO.
EU PENSEI QUE ELE ESTIVESSE EM BRUXELAS.
ELE VEIO ESPECIFICAMENTE PARA ENCONTRAR HOME E PEDIR AJUDA PARA O MÉDIUM CONTATAR A FILHA MORTA.

NADA COMO UMA BOA PITADA DEPOIS DO JANTAR...
O CHEIRO DO TABACO DE SEU CACHIMBO É MUITO AGRADÁVEL, CAPITÃO.
MAL DEIXAMOS A ILHA DA REUNIÃO E JÁ SINTO SAUDADES DE LÁ... DE SUA NATUREZA, DAQUELA GENTE DE TODOS OS CANTOS DO MUNDO.
ASIÁTICOS, AFRICANOS, EUROPEUS... É MESMO UMA PENA.
A REUNIÃO SEMPRE ME DEU CALAFRIOS. JÁ FOI CHAMADA DE ILHA DA MORTE.
ERA DESABITADA. UM PALCO MACABRO PARA A PRÁTICA DE CANIBALISMO PELOS NATIVOS DE MADAGASCAR.
ENTÃO FOI COLONIZADA PELOS PORTUGUESES, PELOS INGLESES E AGORA É DA FRANÇA.
EU NÃO QUERIA ABANDONAR A ILHA DA REUNIÃO. MAS CHEGOU-ME DE PARIS UMA PROPOSTA DE NEGÓCIO... A CONCORRÊNCIA COM O CAFÉ E O AÇÚCAR BRASILEIROS.
A ILHA O EXPULSOU, SR. CHARLES. A FAMA DOS BAUDIN, OS "BRUXOS LOUCOS", ECOA NOS MARES. POR FAVOR, FALEM-ME DOS ESPÍRITOS.

UMA VEZ CAROLINE VEIO ME AVISAR SOBRE UM ESPÍRITO QUE APARECEU NA MESA GIRANTE. ERA O CAPITÃO RÉGNIER.
ELE ENVIOU A MENSAGEM SOBRE O NAVIO BOIS-ROUGE, DEZ DIAS APÓS O SEU NAUFRÁGIO.
O CAPITÃO VEIO PEDIR PRECE PARA ELE E SEUS MARUJOS.
RÉGNIER DISSE QUE A NOTÍCIA OFICIAL DO DESASTRE SÓ VIRIA QUATRO MESES APÓS AQUELA CONVERSA.
NÃO RECUSEI O PEDIDO DE AJUDA. AVISEI A COMUNIDADE SOBRE OCORRIDO. FOI QUANDO TODA A CONFUSÃO COMEÇOU... E PIOROU QUATRO MESES DEPOIS.

OS BOATOS SE ESPALHARAM POR TODA A ILHA ATRAVÉS DOS CRIADOS. FUI ACUSADO DE TRAMAR O NAUFRÁGIO COM O CAPITÃO PARA RECEBER O LUCRATIVO SEGURO DO NAVIO.
O PÁROCO DA ILHA LOGO ESPALHOU SUA TEORIA SOBRE A INFLUÊNCIA DO DEMÔNIO.
OS EMPREGADOS DA FAZENDA INICIARAM A PRÁTICA DE RITUAIS PARA AFASTAR AS ALMAS DOS MARINHEIROS. TEMIAM QUE ES-TES QUISESSEM VINGANÇA.

NOSSA PROFESSORA PEDIU DEMISSÃO, DIZENDO AOS QUATRO VENTOS QUE TRABALHAVA COM UMA FAMÍLIA DE BRUXOS.
A CONFUSÃO ARMADA PELOS ESPÍRITOS ATINGIU EM CHEIO A NOSSA TRANQUILIDADE.
FOI ENTÃO QUE UM NOVO ESPÍRITO SURGIU. ELE NOS TROUXE UMA MISSÃO MAIOR... E MAIS MISTERIOSA...
QUE ESPÍRITO É ESSE?
O CHAMAMOS DE **ZÉPHYR**. SIGNIFICA "OS VENTOS QUE SOPRAM CONTINUAMENTE NAS TERRAS LONGÍNQUAS, REMANESCENTES DO LENDÁRIO CONTINENTE DA LEMÚRIA".
DEI-LHE ESSE NOME EM HOMENAGEM AOS VENTOS DA REUNIÃO...

E ELE?
"CHAMAM-ME PELO QUE SOU: O ZÉPHYR DA **VERDADE**. ANUNCIO A PRÓXIMA DESCIDA DOS EFLÚVIOS CELESTES QUE A **VERDADE** IRRADIARÁ PELO MUNDO." ESSA FOI A SUA RESPOSTA...
INCRÍVEL NARRATIVA! CHEGANDO A PARIS, APRESENTAREI VOCÊS À MINHA PRIMA, A MADAME DE PLANNEMAISON. ELA É COMO VOCÊS, UMA GENUÍNA MÉDIUM.
SÓ UMA COISA NÃO FICOU CLARA: QUE "VERDADE", QUE MISSÃO É ESSA?

ROBERT . HOUDIN
DÉPARTEMENT
DE PARIS
VENTE
Palais Royal
SOIRÉS FANTASTIQUES
ROBERT . HOU
CARDINAL LEMOINE
AU COIN DE LA RUE DES ÉCOLES
PARADIS
LATIN
ENTRÉE
1F
DÉPARTEME
DE PARI
AU NOM DE LA RÉPUBLIQUE FRANC

ROBERT . HOU
SUSPENSION ETHÉRÉENN
SUCCÈS
DÉPA
PUBLIQUE FRAN
Palais Royal
SOIRÉS FANTASTIQUES
ROBERT . HOUDIN
LE SUSPENSION ETHÉRÉENNE
GRAND SUCCÈS
2 HEURES DE MAGIE
ÉVOCATION SPIRITISTE

CLAP!
CLAP!
CLAP!
CLAP!
CLAP!
CLAP!
CLAP!
CLAP!
CLAP!
CLAP!
CLAP!

CLAP!
CLAP!
CLAP!
CLAP!
CLAP!
CLAP!
CLAP!
CLAP!
CLAP!
CLAP!
CLAP!
CLAP!
CLAP!

CARTON FANTASTIQUE
DE
ROBERT-HOUDIN
CARTON FA
CLAP!
CLAP!
CLAP!
CLAP!
CLAP!
CLAP!
CLAP! CLAP!
CLAP!
CLAP!
PATISSIER
PATISSIER
CLAP!
CLAP!
CLAP!
CLAP!
CLAP!
CLAP!
CLAP!
CLAP! CLAP!

CLAP!
CLAP!
CLAP!
CLAP!
CLAP!
CLAP!
CLAP!
CLAP!
CLAP!
CLAP!
CLAP!

RIVAIL.
TU ÉS A ÚLTIMA PESSOA QUE EU IMAGINARIA ENCONTRAR NESTE TEATRO, AMIGO. HE HE HE...
MEU CARO, CARLOTTI! COMO VAI O ILUSTRE AMIGO?
HE, HE, HE! SEMPRE COÇANDO QUEIXO, O MESMO COSTUME INFANTIL DE TIMIDEZ. NÃO PRECISA TER VERGONHA, IRMÃO.
VEJO QUE TAMBÉM DESPERDIÇAVAS O TEU PRECIOSO TEMPO DE VIDA NESSA MEDÍOCRE FARSA CHAMADA MEDIUNIDADE.
POR FAVOR, DESCONSIDERE O QUE VIU NESTE TEATRO...
AQUILO NÃO PASSA DE UM ESPETÁCULO E NÃO TEM NADA A VER COM A MEDIUNIDADE, PROFESSOR. NO PALCO, VIMOS PURO ILUSIONISMO. FEITO PARA ENTRETER.
JÁ AS MESAS GIRANTES...

TU ÉS ADEPTO DESSE MODISMO QUE ESTÁ DEIXANDO TODOS INSANOS? O QUE PODES DIZER DAS MESAS GIRANTES?
O QUE PODES TU DIZER SOBRE A PARIS DE HOJE, RIVAIL?

VEJA, METADE DA CIDADE ESTÁ SENDO CO-LOCADA ABAIXO EM NOME DA MODERNIDADE DITADA PELO **BARÃO DE HAUSS-MANN**, ESSE ARTISTA DA DEMOLIÇÃO!
SÃO BAIRROS, QUADRAS E CASAS... SÃO FAMÍLIAS QUE TÊM SEUS LARES E HISTÓ-RIAS APAGADOS POR NOVAS AVENIDAS E RUAS.
TUDO EM PROL DO FUTURO. O MATERIA-LISMO É A NOVA DE-SORDEM METAFÍSICA PARA TUDO. NOSSO PASSADO E RAÍZES SÃO CONSIDERADOS ULTRAPASSADOS.
O PILAR DA CIÊNCIA SE IMPÕE COMO UMA ESTACA NO CORAÇÃO DE PARIS! E NÓS AQUI, NO ESPAÇO E NO TEMPO, NO MEIO DISSO TUDO.
SIM, ESTAMOS CONFUSOS COM TUDO ISSO.
CONFUSOS E INCERTOS!

DESCULPA, CARLOTTI. MAS E AS MESAS GIRANTES? AFINAL, O QUE AS MESAS TÊM A VER COM TUDO ISSO? PARECE QUE TU SOBREPUSESTE A MINHA PERGUNTA COM OUTRA...
PARA MIM, AS MESAS ESTÃO NO CENTRO DISSO TUDO.
SÃO UMA MANIFESTAÇÃO DA VERDADE UNIVERSAL. APONTAM UMA DIREÇÃO À HUMANIDADE, UM CAMINHO PARA FORA DESSE NINHO DE RATOS QUE É O MATERIALISMO.
AS MESAS GIRANTES SÃO UM FENÔMENO REAL, RIVAIL. OS ESPÍRITOS REVOLUCIONARAM UMA FORMA DE COMUNICAÇÃO JUSTAMENTE AGORA, QUANDO CRIAMOS AS INDÚSTRIAS E AS MÁQUINAS E NOS CONSIDERAMOS O CENTRO DA VIDA.
TODOS ESSES PRÉDIOS DESTRUÍDOS NÃO ERAM SIMPLESMENTE PAREDES. ERAM HISTÓRIAS VIVAS!
GERAÇÕES DE FAMÍLIAS VIVERAM ALI, EM MATÉRIA E ESPÍRITO. MEXEMOS NESSE CAMPO ENERGÉTICO, E AGORA AS NOSSAS MESAS SACODEM, ARRASTAM, MOVEM-SE SOZINHAS.
FALA-SE DESSE MESMO EVENTO ACONTECENDO EM OUTRAS CIDADES E PAÍSES.
ESSAS MUDANÇAS FÚTEIS ESTÃO ACONTECENDO EM TODO O MUNDO.
TU PARECES SER CONTRA O DESENVOLVIMENTO E O PROGRESSO.

NÃO. EU NÃO SOU CONTRA. MAS O QUE ESTÁ ACONTECENDO NÃO É DESENVOLVIMENTO, MUITO MENOS PROGRESSO. É O INÍCIO DA DESUMANIZAÇÃO DO MUNDO.
ESTAMOS DEIXANDO DE VEZ A INTEGRAÇÃO COM O UNIVERSO E A VIDA PARA BRINCARMOS DE DEUSES. NOS ACHAMOS DONOS DA VERDADE UNIVERSAL. DEVERÍAMOS VOLTAR A APRENDER COM O PASSADO.
RIVAIL, TU SABES QUE A **LOJA** TEM COMO BASE A VERDADE PAGÃ. AS MESAS ESTÃO PROPONDO ALGO PARECIDO. É UM DIÁLOGO COM ESSA VERDADE. A VOLTA AO PRIMITIVISMO RELIGIOSO, MAS COM A SABEDORIA E A CIÊNCIA DO SÉCULO XIX.
PERDOA-ME, MAS EU NÃO ACREDITO. FORTIER ME FALOU SOBRE O FENÔMENO, EU COMPAREI ESSAS IDEIAS AO MAGNETISMO ANIMAL. MAS AGORA, TU E ELE VINCULAIS OS ESPÍRITOS COMO O CENTRO DAS FORÇAS QUE MOVIMENTAM ESSAS MESAS.
UMA COISA NÃO INVALIDA A OUTRA. AO CONTRÁRIO, UNIFICA...
VÊ PARA CRER, RIVAIL. AFINAL, O QUE TU TEMES?

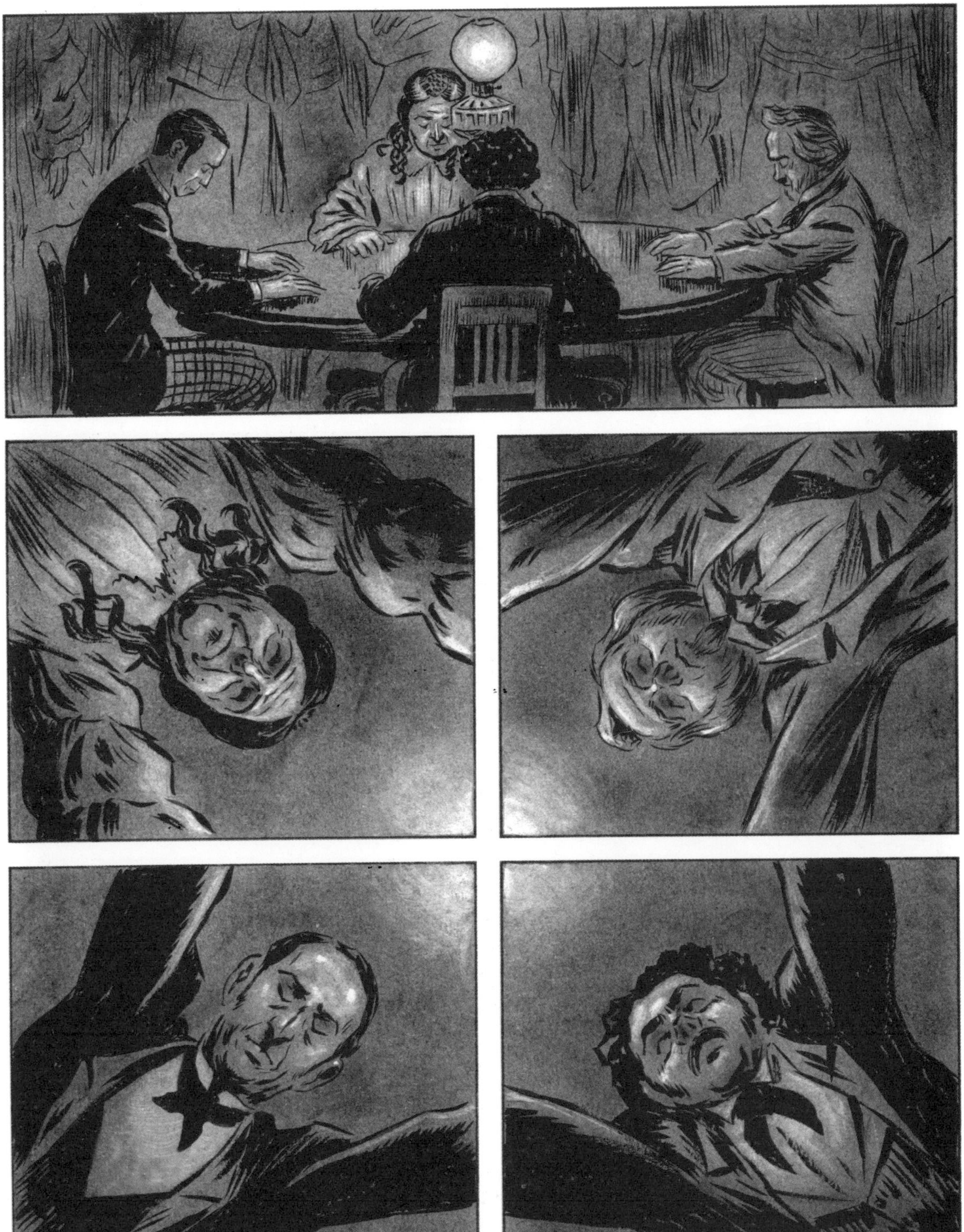

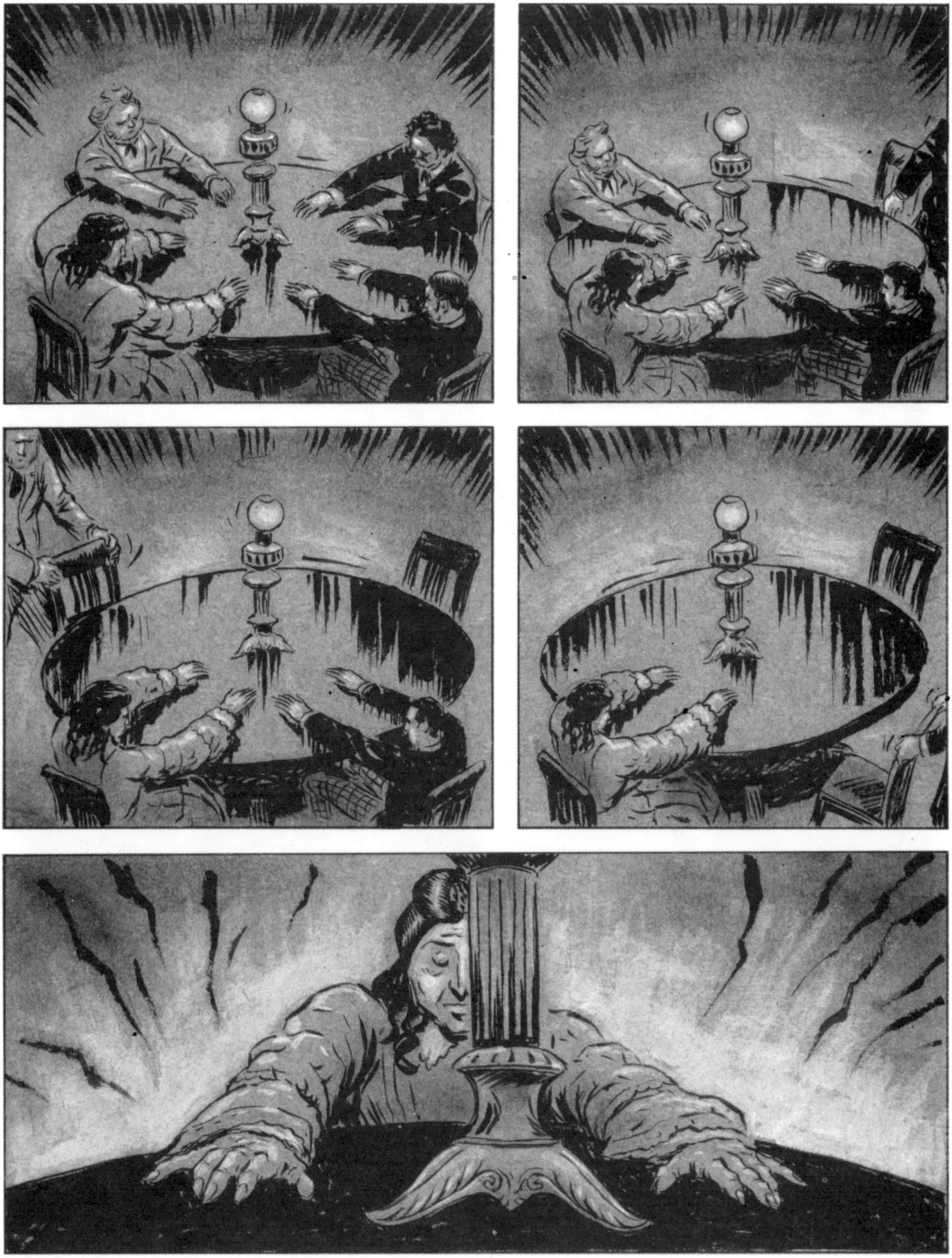

TUM!
TOM!
TUM!
CLAC!
CLAC!
CREC!!
SPLAF!

CRONC!

SHHHHHHH

PROFESSOR, A EQUAÇÃO NO ENUNCIADO TRÊS...
PROFESSOR?

LEON... QUERIDO...
O TEU ALUNO...
ANTOINE... DESCULPE A MINHA DISTRAÇÃO POR HOJE... PARECE A CHEGADA DE UMA FEBRE. PROMETO MELHORAR O MEU DESEMPENHO NA PRÓXIMA VEZ. VAMOS CONTINUAR ESSES EXERCÍCIOS EM OUTRA AULA, SIM?
ATÉ SEXTA, NO MESMO HORÁRIO.
ATÉ, PROFESSOR! BOA TARDE!

QUERIDO, E O CHÁ?
EU AINDA NÃO ENTENDO COMO FOI POSSÍVEL A MESA...
ESQUEÇA A MESA!
IMPOSSÍVEL! SAÍ ATORDOADO DAQUELA CASA. FOI UM DIVISOR DE ÁGUAS NA MINHA VIDA.
ANTES, A EXISTÊNCIA DA ALMA ERA UM ENIGMA INDECIFRÁVEL... PURA MATÉRIA DE FÉ.
E AGORA?
AGORA EU QUERO TRANSFORMAR AQUELA MESA NUMA CÁTEDRA INVESTIGATIVA.

L'ENF

L'ENF

CADA HOMEM É UMA ENCARNAÇÃO DE SEU DEUS.

TUNG!

VEJA SÓ... O MAIS OBSTINADO MAGNETIZADOR DA CIDADE LUZ: FORTIER.
POR FAVOR, DEIXA-ME CUMPRIMENTÁ-LO COM O LOUVOR MERECIDO!
CARLOTTI, EU PRECISO EXPOR MINHA EUFORIA E FELICIDADE POR TUA TAMANHA CONTRIBUIÇÃO!
VISTE QUEM ESTÁ PRESENTE AQUI NA SESSÃO?
MAS É MUITA SORTE! QUER DIZER QUE...
RIVAIL ME FALOU DA APRESENTAÇÃO DE HOUDIN... DO ENCONTRO CASUAL DE VOCÊS DOIS E DA CONVERSA SOBRE AS MESAS GIRANTES.

POR MAIS QUE ELE TENHA INSINUADO COMO EXAGEROS AS TUAS CONVICÇÕES E ARGUMENTOS, RIVAIL CEDEU. NÃO DEMOROU MUITO PARA ELE ME PROCURAR.
EU O CONVIDEI PARA UMA SESSÃO DE MAGNETISMO NA CASA DA SENHORA ROGER. EU A MAGNETIZAVA PARA UM PROGNÓSTICO DE CURA. RIVAIL É UM EXCELENTE MAGNETISTA. FOI UM GRANDE ASSISTENTE DE SESSÃO.
ESTAVAM TAMBÉM PRESENTES NA SESSÃO A MADAME PLAINEMAISON E O SENHOR PÂTIER. GRAÇAS A ESSES DOIS ELE FOI CONVENCIDO DOS FATOS.
RIVAIL NÃO SABIA DA CLARIVIDÊNCIA DA SENHORA ROGER.
POR FAVOR, ESCUTE A MINHA VOZ E SIGA COM OS OLHOS O MOVIMENTO DO RELÓGIO.
OS OLHOS PESAM, O SONO É PROFUNDO E O TEU CORPO É A TUA MORADA.
SINTA O CALOR, O SANGUE CIRCULAR NAS TUAS PERNAS... CADA VEZ MAIS LEVE.
AGORA A MINHA VOZ É A CHAVE E TU ÉS A PORTA. ABRE A TUA ALMA. QUEREMOS OUVIR QUEM ESTIVER AÍ...

SENHORA ROGER... ESTÁ TUDO BEM?
SENHORA ROGER NÃO ESTÁ MAIS AQUI.
SUA VOZ MUDOU... ELA PARECE POSSUÍDA!
"POSSUÍDA", NÃO.
CALMA, RIVAIL... LEMBRA DA NINHADA DE RATOS. O PAVOR QUE TU SENTISTE FOI O MESMO, MAS NÃO PRECISA TER MEDO DE MIM.
MAS COMO? NUNCA CONTEI ISSO PARA NINGUÉM ... ACONTECEU QUANDO EU TINHA SETE ANOS.
TEU PAI PEDIU PARA TU BUSCARES O VINHO NA ADEGA... TU ERAS UM BELO MENINO. COITADINHO... URINOU NAS CALÇAS.
EU RECONHEÇO ESSA VOZ... MANUELLE?

A SENHORA ROGER RECEBERA O ESPÍRITO DE UMA PARENTE RECÉM-FALECIDA DO SENHOR PÂTIER... E, PARA ESPANTO DE TODOS, A ALMA EVOCADA VEIO E MOSTROU EVIDÊNCIA DE SUA IDENTIDADE.
O ESPÍRITO REMONTOU DETALHES PERFEITOS SOBRE FATOS E PENSAMENTOS VIVIDOS POR RIVAIL. FOI COMO SE A ENTIDADE TIVESSE ACESSO À ALMA DELE. FINALMENTE O ESPÍRITO ENCAROU RIVAIL... E LHE REVELOU:
O TEU DESTINO E AS MESAS GIRANTES ESTÃO ENTRELAÇADOS. NÃO TENTES FUGIR.
FOI ENTÃO QUE PÂTIER ARGUMENTOU SERENAMENTE SOBRE AS MESAS.
POSSO AFIRMAR-LHE QUE SIM, FALANDO DE PURA E SINCERA CONVICÇÃO. AS MESAS GIRANTES NÃO INTERVÊM, A MEU VER, OUTRA VONTADE, NEM OUTRA FORÇA, QUE O DESEJO OU A FORÇA DAS ALMAS DOS MORTOS.
TU VAIS TIRAR ESSA MESMA CONCLUSÃO SE QUISERES PARTICIPAR DESSAS SESSÕES. NA TERÇA-FEIRA, OITO DE MAIO, HAVERÁ UMA REUNIÃO DE MÉDIUNS NA MINHA CASA. A TUA ESPOSA E TU, RIVAIL, SÃO OS MEUS CONVIDADOS.

IMPRESSIONANTE, FORTIER! A JULGAR PELO TEMPO, PELA DATA DE HOJE, VEJO QUE RIVAIL É UM ASSÍDUO FREQUENTADOR.
SIM, ELE VEM JÁ HÁ DOIS MESES. OBSERVA E FAZ ANOTAÇÕES EM UM BLOCO. ISSO DESPERTOU A CURIOSIDADE DE OUTROS DEVOTOS. ELES QUEREM SABER O QUE ELE TANTO ANOTA.
QUEM SÃO AQUELAS MENINAS SENTADAS À MESA?
TLIM! TLIM!
QUERIDOS AMIGOS, É COM GRANDE HONRA QUE EU APRESENTO A VOCÊS ESSES MÉDIUNS IMPRESSIONANTES: A FAMÍLIA BAUDIN.
OS BAUDIN VIERAM DE EXÓTICA ILHA DA COSTA ORIENTAL AFRICANA, A ILHA DA REUNIÃO. ELES TRAZEM UMA EXPERIÊNCIA PECULIAR NA COMUNICAÇÃO COM O MUNDO ESPIRITUAL, COM UMA MISCELÂNEA DAS DIVERSAS CULTURAS MÍSTICAS QUE HABITAM REUNIÃO.
COM AJUDA DO CESTO, TRANSCREVEM IMPRESSIONANTES RELATOS DO MUNDO PÓS-VIDA. PEÇO AOS INTERESSADOS QUE ERGAM AS MÃOS PARA AS PERGUNTAS AOS ESPÍRITOS. ELES MANIFESTARÃO AS RESPOSTAS ATRAVÉS DOS NOSSOS MÉDIUNS.

A PRIMEIRA PERGUNTA, POR FAVOR...
QUANTAS PESSOAS ESTÃO PRESENTES NESTA SALA?
RSC! RSC!
"23 PESSOAS."
QUANTAS LÍNGUAS TU FALAS, ESPÍRITO?
RSC! RSC! RSC!
"EU NÃO FALO. ESCREVO."
AH! AH! AH! AH! AH! AH! AH! AH!
EU VOU EMAGRECER?
"SE TIVERES FORÇA DE VONTADE E PARARES DE COMER."
AH! AH! AH!

Mais uma sessão dominada por consultas fúteis.
É POSSÍVEL NOS COMUNICARMOS COM O ESPÍRITO DE SÓCRATES?
RSC! RSC! RSC!
"SIM. SÓCRATES JÁ TEM ASSISTIDO A ALGUNS DESSES ENCONTROS, POIS VOCÊ O CONSULTA EM SEUS PENSAMENTOS".
BRRR!!
KLUNG!
KRRNK!

RSC!
RSC!
RSC!
RSC!
RSC!
RSC!
"A **VERDADE** SÓ SERÁ DOS DIGNOS. QUAL DENTRE VOCÊS É O MAIS APTO? O CONTATO COM A FILOSOFIA ESPIRITUAL NÃO É FÚTIL. É A JORNADA PARA QUEM BUSCA SENTIDO À EXISTÊNCIA. A FACE DO UNIVERSO."
ASSINADO: "SÓCRATES".

SÓCRATES... FOI UMA GRANDE IDEIA NOS REUNIR COM SÓCRATES, RIVAIL. COMO ISSO NUNCA FOI PENSADO ANTES?
O QUE PODÍAMOS ESPERAR DE UM DOS MAIS FAMOSOS EDUCADORES DA FRANÇA, FORTIER? RIVAIL DEMOCRATIZA A COMUNICAÇÃO, A EDUCAÇÃO E A CULTURA ATÉ COM OS ESPÍRITOS.
TENHO MUITO O QUE PERGUNTAR PARA TODOS OS ENVOLVIDOS. VIVOS OU MORTOS!
SENHOR DENIZARD...
POR FAVOR, FIQUE COM ESSES CADERNOS, LEIA-OS COM ATENÇÃO. SÃO DIVERSOS OS RELATOS DE MANIFESTAÇÕES MEDIÚNICAS REGISTRADOS.

OBRIGADO, MAS EU NÃO SEI O TEU NOME...
AGORA NÃO IMPORTA, IRMÃO. TEMOS MUITO TEMPO PARA ISSO DEPOIS.
OLÁ.
OLÁ, MINHA CARA.
O NOSSO GUIA, O NOSSO ESPÍRITO PROTETOR, O CONGRATULA POR TRAZER ESSA EXPERIÊNCIA PARA UM NOVO NÍVEL.
SENHOR, ELE ENTENDE A TUA BUSCA E O CONVIDA PARA UM NOVO ENCONTRO.
AGRADEÇA A ELE. ACEITO O CONVITE. EU BUSCO A VERDADE.
E A VERDADE BUSCA O SENHOR.
ESPERAMOS O SENHOR EM NOSSA CASA.

TUM!
TUM!

CRANG!
TUM!
CRANG!
TUM!
CRANG!
CRANG!
CRANG!
MEUS DEUS! O QUE É ISSO?
TUM!

DRUIDA...

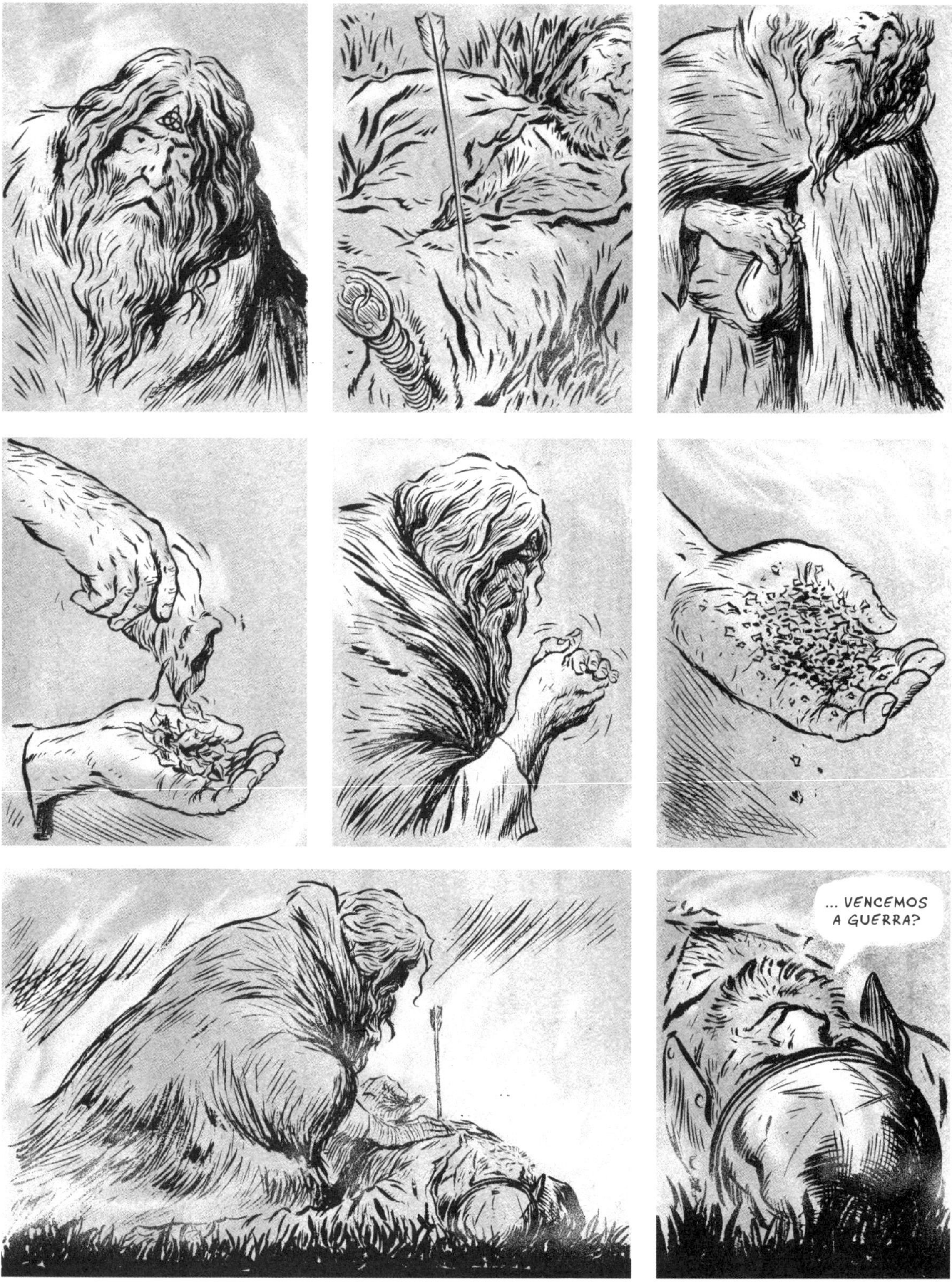
... VENCEMOS
A GUERRA?

A NOSSA VITÓRIA FOI POSTERGA- DA, MEU AMIGO...

AVE CESAR!!!

...PRESUMO QUE PARA UMA OUTRA VIDA.

CRÁÁ!
CRÁÁÁ!!

TOC! TOC! TOC!
TOC! TOC! TOC!
SENHOR BAUDIN! SENHOR BAUDIN!
TOC! TOC! TOC!

SENHOR BAUDIN... AMIGOS... DESCULPEM-ME POR VIR TÃO TARDE...ALGO MUITO ESTRANHO ACONTECEU.
ENTRE. VAMOS ATÉ A MESA.

BATIDAS ECOARAM POR TODA A MINHA CASA.
ERA O ZÉPHYR.
O QUE ELE QUER DE MIM?
PODES PERGUNTAR, RIVAIL.
QUEM QUER QUE SEJAS, TE AGRADEÇO POR TERES VINDO ME VISITAR. QUEM ÉS TU?

"UM AMIGO. CHAMAM-
-ME DE ZÉPHYR."
Mas tu podes me chamar de VERDADE.

AO BATERES, ENQUANTO EU ESTAVA TRABALHANDO, TU TINHAS ALGO ESPECIAL PARA ME DIZER?
Sim, é sobre as tuas anotações. O que escrevias não me agradava e eu queria que tu cessasses.
EU ESCREVIA JUSTAMENTE SOBRE OS MEUS ESTUDOS ESPÍRITAS E AS MANIFESTAÇÕES. A TUA DESAPROVAÇÃO ERA SOBRE O CAPÍTULO QUE EU TRABALHAVA OU O CONJUNTO DO TRABALHO?
Referia-me ao capítulo de ontem. Relê-o hoje e tu descobrirás os teus erros e os corrigirás.
O NOME **VERDADE** QUE TU ASSUMISTE, TEM ALGUMA RELAÇÃO COM A VERDADE QUE EU PROCURO?
Talvez. Sou um guia que te protegerá.
POSSO TE EVOCAR EM MINHA CASA?
Sim, para que te ajude pelo pensamento, mas o que buscas nos teus escritos não poderás conseguir por muito tempo.

E O QUE EXATAMENTE EU BUSCO?
Se te lembrares do que sempre foram as tuas aspirações, as tuas tendências e o objeto quase constante de tuas meditações...

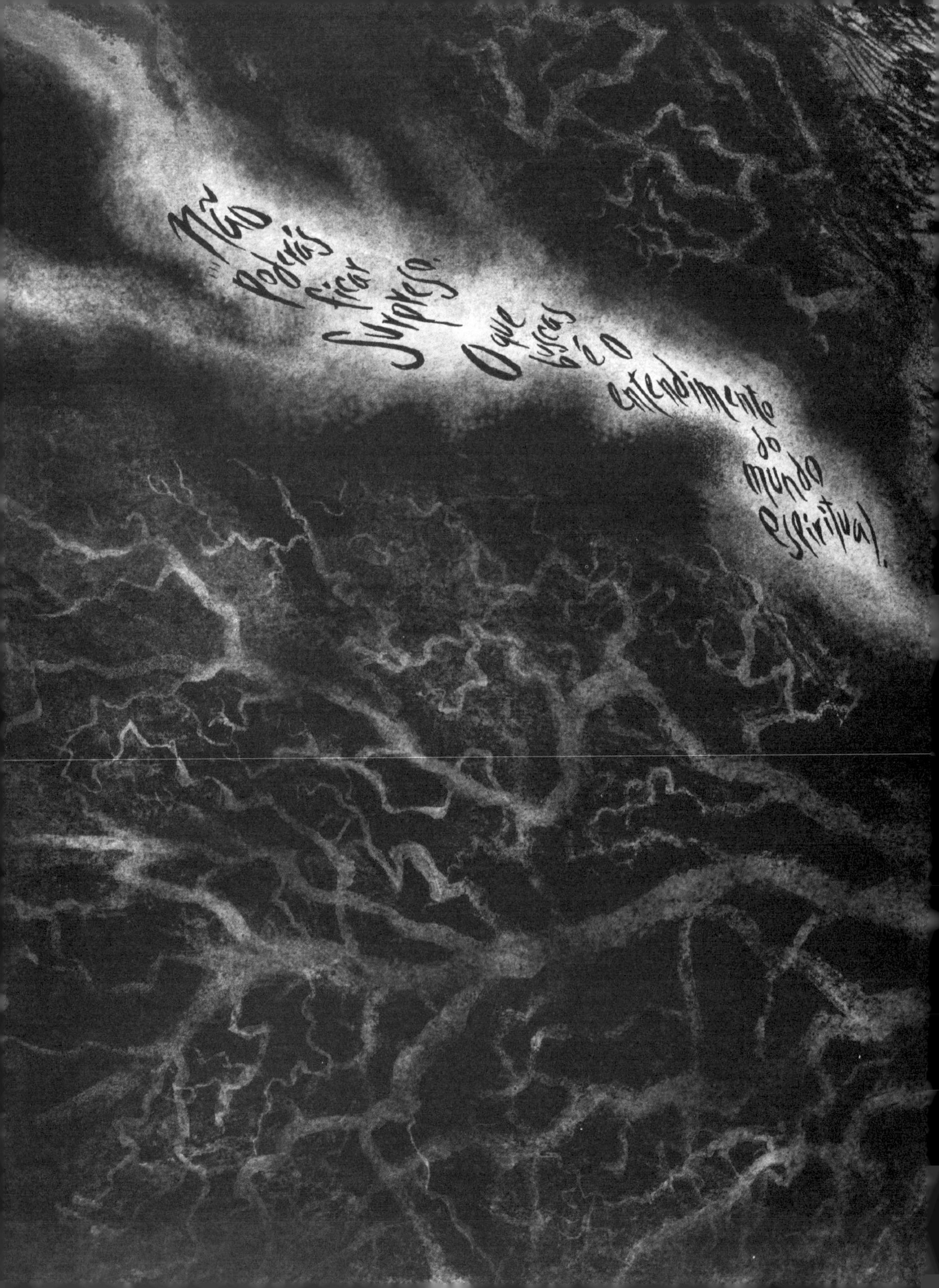
...Não poderás ficar surpreso. O que buscas é o entendimento do mundo espiritual.

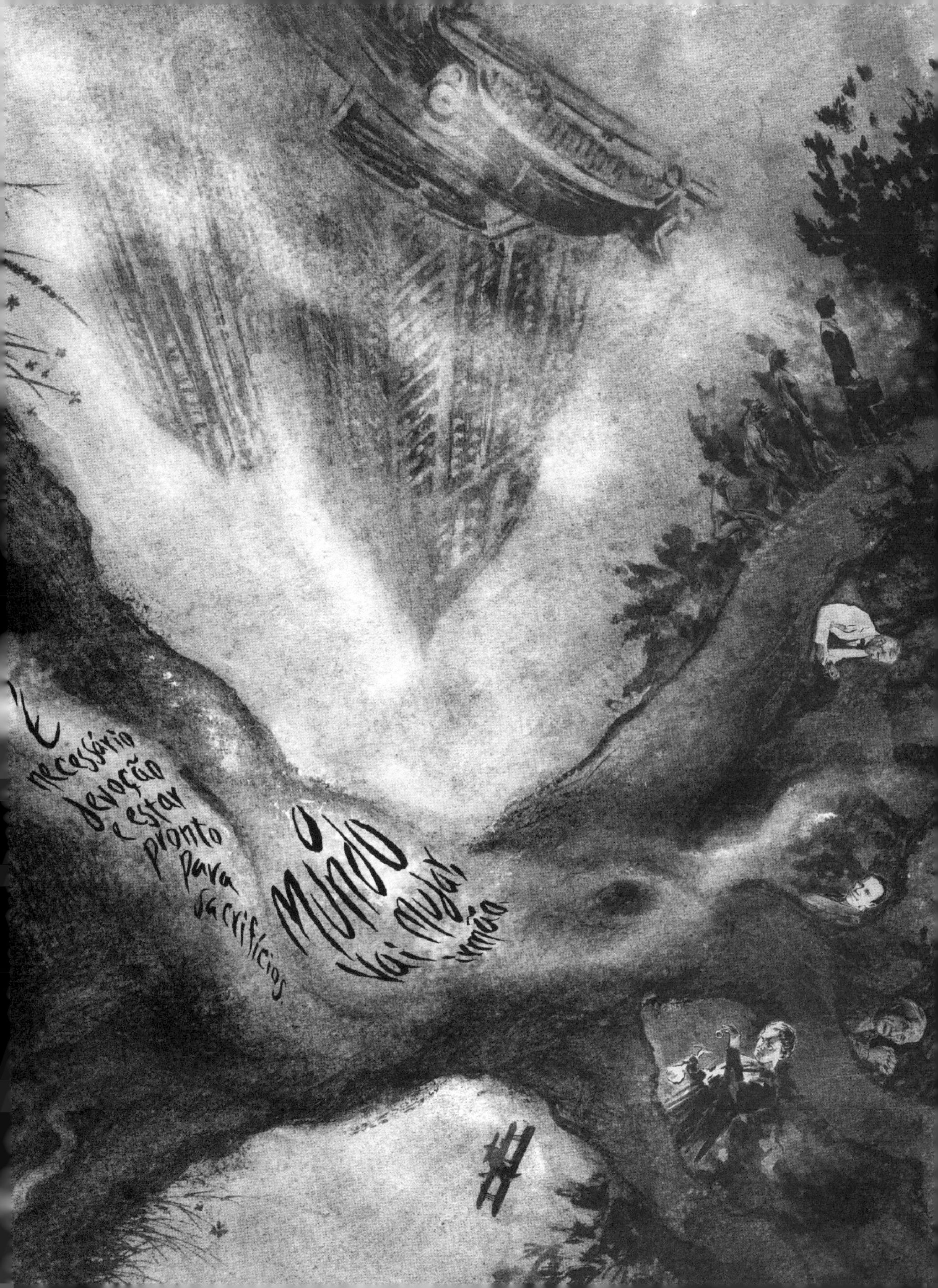
É necessário devoção e estar pronto para sacrifícios.
O mundo vai mudar, irmão.

E a
humanidade
atravessará
sua jornada com
maior ruptura
sobre si mesma.
Ao mesmo
tempo, isso
pode
significar
o
início e
o fim.

Não podemos precisar os fatos. O que podemos dizer é que haverá muitas ruínas e desolações, pois são chegados os tempos preditos de renovação da humanidade.

Nenhum cataclismo de ordem material haverá, como o entendeis, mas flagelos de toda espécie assolarão as nações, a guerra dizimará os Povos; as instituições vetustas se abismarão em ondas de sangue. Faz-se mister que o velho Mundo se esboroe, para que uma nova era se abra ao Progresso.
A GUERRA NÃO SE CIRCUNSCREVERÁ ENTÃO A UMA REGIÃO?
Não, abrangerá a Terra!

NADA. ENTRETANTO, NESTE MOMENTO, PARECE PRESSAGIAR UMA TEMPESTADE PRÓXIMA.
As coisas estão por um fio de teia de aranha partida. O caminho espiritual humano necessita ser guiado outra vez. Desta vez tu serás o guia.

TENHO, COMO TU SABES, O MAIOR DESEJO DE CONTRIBUIR, MAS NO PAPEL DE SIMPLES TRABALHADOR, NÃO NO DE MISSIONÁRIO CHEFE. HÁ PESSOAS MELHORES PARA ISSO. MÉDIUNS QUE POSSUEM TALENTOS E QUALIDADES DOS QUAIS NÃO DISPONHO.
Tens o teu livre arbítrio... mas também tens o teu destino. A mágica liderança, druida. Eu te conheci em uma vida passada, na Gália. Mesmo que falhe nesta vida, na próxima encarnação continuará tua missão...

Teu nome era ALLAN KARDEC.

# GLOSSÁRIO

**CAMILLE FLAMMARION** (Nicolas,): foi astrônomo. Começou a escrever livros populares de astronomia incentivando o trabalho de observadores amadores. As obras de Flammarion se revelam espíritas sobre questões fundamentais para a humanidade, como *Narrações do Infinito*. Ele foi amigo de Allan Kardec, o codificador do Espiritismo. Ao pé do túmulo deste, Flammarion fez um discurso em sua homenagem, afirmando que Kardec era "o bom senso encarnado". *(Página 71)*

**CATEDRAL DE NOTRE DAME**: de arquitetura gótica, é um dos principais centros místicos e culturais da França. Foi palco de diversas manifestações religiosas no decorrer das eras. Dizem que em seus subterrâneos aconteciam reuniões da maçonaria.

**CHARCOT** (Jean-Martin,): médico e cientista francês. Foi um dos maiores médicos psiquiatras na segunda metade do século XIX. Fundador da moderna neurologia, utilizava o hipnotismo em suas pesquisas. Suas maiores contribuições para o conhecimento das doenças do cérebro foram o estudo da afasia e a descoberta do aneurisma cerebral. Foi professor de Sigmund Freud. *(Página 70)*

**CHICO XAVIER** (Francisco de Paula Cândido): grande personalidade espírita brasileira. Médium e escritor de diversas obras espíritas psicografadas. Fala-se que foi a última encarnação de Kardec. *(Página 75)*

**COLISEU ROMANO EM PARIS**: com as reformas e a criação dos bulevares de Paris, promovidas por HAUSSMANN, foram encontradas ruínas da cidade Romana de Lutécia sob Paris.

**DAUMIER** (Honoré,): Grande cartunista francês do século XIX. *(Página 20).*

**DRUIDA**: significa "aquele que tem o conhecimento do carvalho". Um sábio, um mestre, um filósofo e líder. Portador do conhecimento místico e científico dos celtas. *(Página 17)*

**DANIEL DUNGLAS HOME**: talvez o mais importante e poderoso médium do século XIX. Muito foi, e ainda é, falado sobre o seu poder de levitação. Entre os seus maiores admiradores estão Allan Kardec e Conan Doyle. *(Páginas 22 e 31)*

**GUERRA DA GÁLIA**: talvez o maior impacto dessa guerra tenha sido o esfacelamento da cultura celta, notoriamente dos povos que ocupavam o território da França atual. Este era chamado de Gália pelos romanos (do latim *Gallo;* isto é, "galo") e seus habitantes, por consequência, conhecidos até hoje como "gauleses". Liderados por VERCINGÉTORIX, os gauleses enfrentaram o império comandado por Júlio César. A batalha se deu nos arredores da hoje cidade francesa de Alésia, em torno da qual os romanos construíram um forte. VERCINGÉTORIX entregou-se a César para proteger a sobrevivência de seu povo. No entanto, foram enfim derrotados pelo Império Romano por volta do ano 50 a.C..

**HAUSSMANN**: conhecido como *Barão de Haussmann*, o "artista demolidor", foi prefeito e responsável pela reforma urbana de Paris determinada por Napoleão III. *(Página 51)*

**HELENA BLAVATSKY**: a Esfinge. Personalidade exuberante, forte e complexa. É a figura mais influente do ressurgimento do ocultismo no século XIX. A criadora da Teosofia, uma das filosofias místicas mais ricas e influentes. A grande médium russa abandonou o seu país e buscou conhecimentos místicos no Egito e na Índia. Ela dizia se comunicar com o seu mestre nos sonhos. Anos depois, casualmente, nas ruas de Londres, ela foi reconhecida por ele. *(Páginas 25 e 74)*

**ILHA DA REUNIÃO**: ilha na costa da África oriental, próxima a Madagascar. Era desabitada antigamente; as populações vizinhas consideravam a ilha amaldiçoada, e a usavam de palco para canibalismo em rituais. Por volta de 1500, a ilha foi colonizada pelos portugueses. Era importante ponto de passagem nas navegações para a Índia, a China e a Oceania. Séculos depois, a ilha foi ocupada pelos ingleses e franceses. As plantações de cana-de-açúcar, café e as navegações frequentes trouxeram diferentes culturas e etnias para a colonização. Hoje, a ilha constitui parte do território francês, é rota turística e de furacões no oceano Índico.

**JOANA D'ARC**: a donzela de Orléans foi a grande heroína da Guerra dos Cem Anos. D'arc dizia que desde os 13 anos ouvia vozes divinas. Entre as mensagens que ela ouvia, uma dizia que deveria levantar o domínio que havia sobre a cidade de Orléans. Cerca de um mês após sua vitória sobre os ingleses em Orléans, ela conduziu o Rei Carlos VII à cidade de Remis, onde foi coroado. Isso acabou reacendendo as esperanças dos franceses de libertarem parte de seu território que estava sob o domínio inglês, representandoa virada da guerra. Anos depois da vitória, Joana foi acusada de bruxaria pela Igreja e queimada viva. *(Página 70)*

**JÚLIO CÉSAR**: foi um patrício, líder militar e político romano. Desempenhou um papel crítico na transformação da República Romana no Império Romano. As suas conquistas na Gália estenderam o domínio romano até o Oceano Atlântico: um efeito de consequências dramáticas na história da Europa. Júlio César também escreveu um livro sobre a Gália, dedicando diversas páginas aos druidas. *(Página 99)*

**L'ENFER**: foi um café temático no distrito vermelho em Paris, inaugurado no fim do século XIX. Seu interior, revestido com semiderretido rocha-parede, era um ambiente desagradavelmente frio. Uma experiência infernal. Funcionou até meados do século XX.

**LOJA**: termo maçônico e sede dos seus membros. Grupos e centro dessa sociedade secreta. Envoltos em mistérios sobre a natureza de sua associação, a ordem mística afirma-se possuidora de antigos conhecimentos pagãos.

**MITO DE ODIN**: Odin, da mitologia nórdica, é um temível guerreiro e mago. O próprio Odin teria descido aos infernos em busca da verdade. Encontra uma mulher com quem parte para debaixo da terra. Os dois atravessam uma região úmida e tenebrosa. Ao chegar à beira de um rio, ele mata um galo. No caminho dos mortos, há um rio, um muro, uma batalha, e a descoberta de uma Árvore Cósmica.

das sociedades pré-históricas da Idade do Cobre e do Bronze. Afirma-se que eram os lugares sagrados das reuniões dos druidas.

**O CARVALHO**: árvore que se destaca pelo seu tamanho, representava para os druidas o conhecimento antigo, a Árvore Cósmica.

**O GALO, O LOBO E O CORVO**: símbolos das essências humanas. O ser interior das almas. O galo, o símbolo da França, era sacrificado pelos druidas para que pudessem ler, nas entranhas do animal, o futuro dos gauleses. Um ritual de magia para liberar a pureza na nação celta. O lobo é a alma de Kardec. O protetor da floresta, do universo e da vida. O corvo é a alma de Zéphyr, o Vento Oeste.

**PROUDHON** (Pierre,): é considerado um dos mais influentes teóricos e escritores do anarquismo, sendo também o primeiro a se autoproclamar anarquista. Após a revolução de 1848, em Paris, passou a se denominar federalista. *(Página 70)*

**RIMBAUD** (Jean Nicolas Arthur,): jovem poeta e aventureiro. Partiu de Paris para traficar armas de fogo no norte da África. Tornou-se um dos maiores poetas. Um anarquista com uma vida ociosa, regada a absinto e haxixe. Escreveu obras-primas entre os 15 e os 18 anos. Uma TEmporada no Inferno está entre as suas melhores obras. *(Página 70)*

**ROBERT-HOUDIN**: o pai da mágica moderna, um dos maiores mágicos e revolucionários ilusionistas. Influenciou Houdini em suas mágicas e George Méliès em seus filmes. É dito que ele é o avô dos efeitos visuais do cinema. *(Página 43)*

**ROUSSIN** (Louis Antoine,): artista que retratou a Ilha da Reunião e seus habitantes. *(Página 13)*

**TÚNEIS DAS PEDREIRAS E CATACUMBAS DE PARIS**: quando Paris começou a crescer, basicamente tirou as suas pedras das entranhas dos seus subterrâneos. Seus prédios, pontes e igrejas foram construídos com essas pedras, e no subsolo da cidade há inúmeros túneis. No século XVII, uma chuva torrencial deixou o solo dos cemitérios em um estado de lamaçal em que milhares de covas e caixões expostos levaram a cidade ao desespero devido ao forte odor de podridão. A maioria dos cemitérios ficou em estado irrecuperável, e a alternativa para os restos mortais foram os túneis abertos nos subsolos de Paris.

**VAN GOGH** (Vincent Willem,): pintor neerlandês, passou seus últimos anos em um hospital psiquiátrico na França. (*Página 71*)

**VERCINGETÓRIX**: líder de uma tribo celta, liderou a grande revolta dos "gauleses"- contra os romanos. *(Página 100)*

**VICTOR HUGO**: célebre escritor francês, é o grande nome da literatura francesa romântica e grande referência sobre o século XIX na Europa. (*Página 27*)

**SÍMBOLO TRISKELE, TRISKELIUM** ou **TRIQUETRA**: significa força, proteção e triplicidade de todas as coisas. Símbolo diretamente ligado ao fluxo das estações, aos três elementos: Ar, Terra (terra e fogo) e Água, às energias tríplices, tais como: magnetismo, eletricidade e neutralidade; aos planos de existência: físico, mental e espiritual; aos aspectos familiares: pai, mãe, filhos; aos processos da existência: vida, morte e renascimento.

# KARDEC
## EXTRAS

QUEM SÃO...
PUM, PUM
PLAK! PLAK! PLAK!
MEDIUNS
??
KAPOEC!
FORTE

VER TOPPI
e ALCALA

# TRECHO DO ROTEIRO

**PÁGINA 6: PÁGINA COM TRÊS QUADROS WIDESCREEN.**
*Quadro quinze-a:* O primeiro quadro ocupa toda a primeira linha de quadros.
Texto diálogo:
Fortier
Estou certo que essa reunião vai ter forte impacto em ti, amigo.
Plano
Carruagem nas ruas de Paris.
*Quadro dezesseis-b:* O segundo quadro da página ocupa toda a terceira linha de quadros.
Plano:
A carruagem parada na frente da mansão.
*Quadro dezessete-c:* O terceiro quadro da página ocupa a terceira linha de quadros.
Plano:
Rivail dentro da carruagem olha para uma das sacadas no segundo andar. Ele vê a Helena Blavatsky.

**PÁGINA 7: PÁGINA COM SEIS QUADROS.**
*Quadro dezoito-a:* O primeiro quadro da página ocupa a primeira parte da primeira linha de quadros.
Texto diálogo:
Rivail
Quem sabe a próxima vez, meu irmão. Boa sorte.
Plano:
Rivail aperta a mão do amigo e se despede de Fortier.
Cena cinco. Mansão. Exterior. Noite.
*Quadro dezenove-b:* O segundo quadro da página ocupa a segunda parte da primeira linha de quadros.
Plano:
Fortier sai da carruagem em direção a porta do edifício que é aberta por um mordomo.
*Quadro vinte -c:* o terceiro quadro da página ocupa a primeira parte da segunda linha de quadros.
Plano:
Rivail na Carruagem olha outra vez para uma das sacadas onde vê a Helena Blavastky.
*Quadro vinte e um- d:* o quarto quadro da página ocupa a segunda parte da segunda linha de quadros.
Plano:
Blavatsky está na sacada com olhar fixo em Rivail.
*Quadro vinte e dois- e:* o quinto quadro ocupa a primeira parte da terceira linha de quadros.
Plano:
Fortier entra no edifício.
*Quadro vinte e três- f:* o sexto quadro ocupa a segunda parte da terceira linha de quadros.
Plano:
A carruagem está quase nos portões da mansão.
Cena seis. Mansão. Interior. Noite.

Este livro viu a luz em outubro de 2011, impresso em miolo
offset 120g e capa em triplex 300g pela gráfica Ideal.

**www.editorabarbanegra.com.br**